¡Aprende Ya!
A Tocar Saxofón Alto

POR MARIANO GROPPA

Para obtener al audio, visit:
www.halleonard.com/mylibrary

2729-6403-2876-6620

Fotografía de la portada: Randall Wallace
Editor del proyecto: Ed Lozano

ISBN 978-0-8256-2881-8

Visit Hal Leonard Online at
www.halleonard.com

World headquarters, contact:
Hal Leonard
7777 West Bluemound Road
Milwaukee, WI 53213
Email: info@halleonard.com

In Europe, contact:
Hal Leonard Europe Limited
42 Wigmore Street
Marylebone, London, W1U 2RY
Email: info@halleonardeurope.com

In Australia, contact:
Hal Leonard Australia Pty. Ltd.
4 Lentara Court
Cheltenham, Victoria, 3192 Australia
Email: info@halleonard.com.au

Índice

Introducción

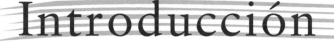

Muchas personas aseguran que el saxofón es un instrumento complicado. Al mismo tiempo se cree que otros instrumentos más populares como la guitarra o la batería son fáciles. La verdad es que estos instrumentos son tan fáciles o tan difíciles de tocar como lo es el saxofón. ¿Qué hace que un instrumento sea fácil o difícil de tocar? La respuesta es: el deseo de aprender a tocarlo. Esto es lo que hace al aprendizaje simple. Por eso quiero comenzar este libro pidiéndote que dejes todo prejuicio de facilidad o dificultad para con el saxofón en esta página (o en este instante) y que concentres toda tu energía en el deseo de aprender, porque eso es todo lo que necesitas para tu avance. El resto es relativo y poco importa.

Antes de empezar me gustaría contarte rápidamente una breve reseña acerca de la historia del saxofón. El saxofón fue creado por el danés Adolph Sax en el año 1844. Este fabricante danés radicado en París ya era famoso en ese entonces por haber fabricado un nuevo modelo de clarinetes bajos. Esto fue algo muy importante para la creación del saxofón ya que éste deriva del clarinete. El primer saxofón que creó Adolph Sax fue el saxofón bajo. Este instrumento fue usado en principio por bandas militares. En tan sólo ciento cincuenta años de historia el saxofón ganó gran fama como instrumento clásico. Actualmente existen más de tres mil obras clásicas escritas exclusivamente para saxofón y una infinidad de adaptaciones de obras ya existentes para ser tocadas por este instrumento. En los últimos ochenta años el saxofón se convirtió, junto a la trompeta, en el instrumento solista más importante del género de *jazz* y en las últimas tres décadas este instrumento comenzó a usarse como instrumento solista en nuevos géneros musicales como el *rock*, *funk*, *soul*, *blues* y *pop*.

Escribí este libro con la idea de lograr un texto que resulte interesante tanto para un estudiante de música como para una persona aficionada al saxofón. Espero que estudiar este método te resulte tan interesante a ti, como a mí me resulto escribirlo.

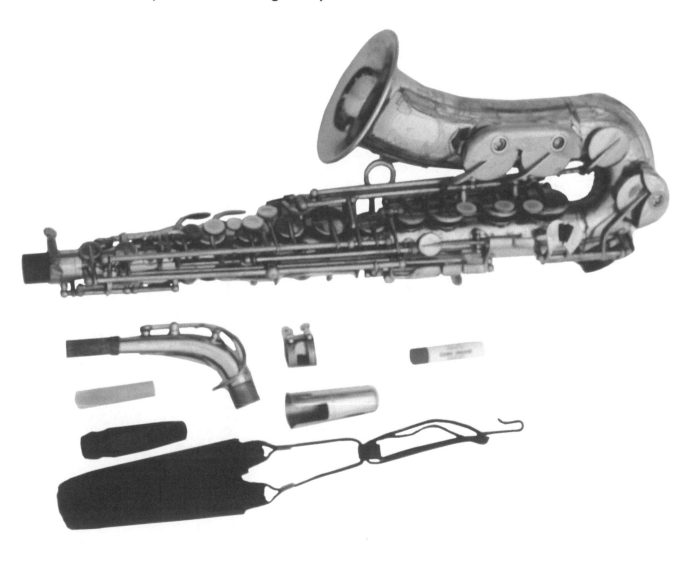

Notación musical

La música es la interacción de sonidos de diferentes duraciones y registros sonoros (graves o agudos) sincronizados en un ritmo. Todos estos detalles son representados en la notación musical mediante las figuras, las notas musicales y las fracciones del compás.

Las *figuras* expresan la duración o ausencia de un sonido. La ausencia de sonido se representa con los llamados *silencios*. Éstas son las figuras y los silencios correspondientes que usaremos y sus valores ordenados de mayor a menor duración:

El número entre paréntesis es un número que identifica y que usaremos en breve con la fracción del compás.

El *puntillo* indica que a esa nota se le debe añadir la mitad de su valor.

Ejemplo:

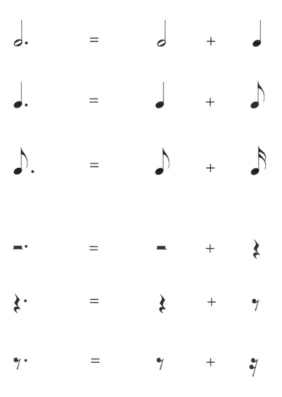

Las *notas* expresan las diferentes alturas o tonos de los sonidos. Las notas se representan en el pentagrama y se escriben sobre las líneas o en los espacios. El pentagrama es un sistema de cinco líneas paralelas en el cual se representan las diferentes alturas o tonos que se usan en una pieza musical. A continuación verás algunas de las notas que usaremos:

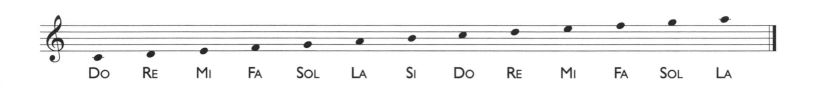

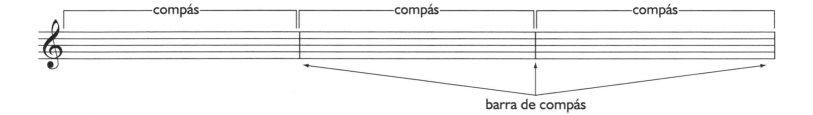

Líneas y *espacios adicionales* son anotaciones para usar adicionalmente cuando la nota que necesitamos representar es más aguda (por encima del FA de la quinta línea) o más grave (por debajo del MI de la primera línea) que el registro del pentagrama.

La clave de SOL: establece que la nota SOL se ubicará en la segunda línea del pentagrama. Existen diferentes claves pero nosotros usaremos tan sólo la de SOL.

La existencia de varias claves permite escribir en diferentes registros sin tener que usar excesivas líneas o espacios adicionales.

Toda composición se subdivide en porciones de tiempo, estas porciones se llaman *compases*. Los compases pueden ser de diferentes duraciones. La *fracción del compás* designa el tamaño del compás (número superior) y la unidad de tiempo del compás (número inferior).

La *doble barra* indica el fin de la sección o de la composición.

La *barra de compás* indica el principio y final de un compás.

El saxofón

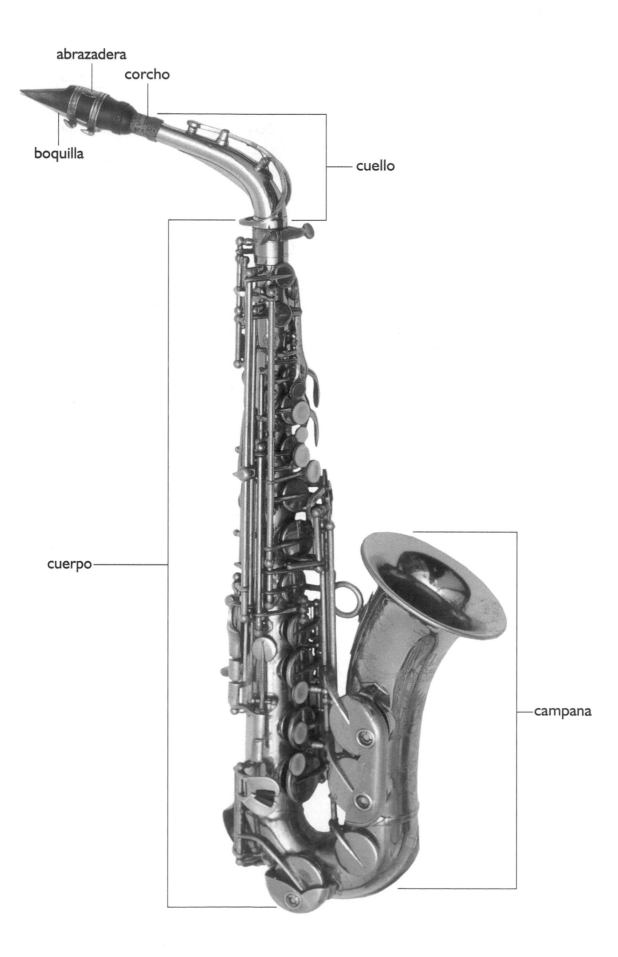

abrazadera

corcho

boquilla

cuello

cuerpo

campana

Funcionamiento del instrumento y producción del sonido

Cuando el aire ingresa en la boquilla del saxofón genera la vibración de la caña contra la punta de la boquilla. Esta vibración da origen al sonido que luego, continúa su recorrido a través del resto del instrumento. Según las llaves que presionemos el recorrido del sonido se alarga o acorta formando, de esta manera, las diferentes notas del registro del saxofón.

Registro del saxofón

Todos los saxofones tienen un registro de dos octavas y media que van desde un Sɪb (bemol) grave hasta un FA o FA♯ (sostenido) agudo. Se pueden obtener notas más agudas que el FA♯ mediante posiciones especiales. Las notas por arriba del FA♯ agudo se llaman *sobreagudos*.

La transposición

El saxofón es un instrumento transpositor, esto significa que cuando tú toques la nota La en tu instrumento, esto será la nota Do en un piano o guitarra, en el caso del Saxofón alto (E♭). En el caso del Saxofón Tenor (B♭), cuando tú toques la nota RE en tu instrumento, esto será la nota Do en un piano o guitarra. Esto lo tendrás que tener en cuenta cuando comiences a tocar en grupos y bandas de música.

Ejemplo:

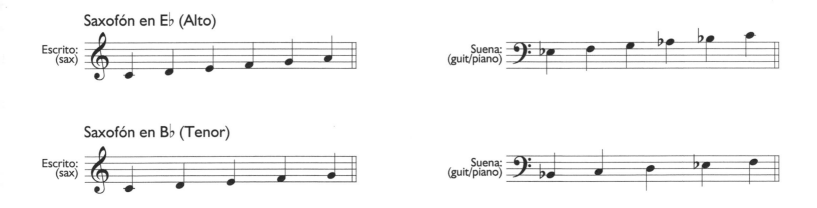

Armando el saxofón

Primero que nada debemos humedecer la caña en un vaso con agua tibia. También puedes humedecerla colocándotela en la boca por unos minutos. Mientras tanto coloca la ligadura o abrazadera en la boquilla (Advertencia importante: la mayoría de las abrazaderas se colocan con los tornillos de ajuste hacia abajo). Toma la boquilla con la abrazadera ya colocada e introduce la caña húmeda entre la boquilla y la abrazadera. La punta de la caña debe colocarse un poco más adentro que la boquilla pero casi coincidiendo con ésta. Luego procede a ajustar los tornillos de la ligadura lo suficiente como para sostener la caña. Procura no ajustar demasiado la abrazadera, si lo haces, puedes lastimar el lomo de la caña.

El siguiente paso es unir la boquilla al cuello del saxofón. *Advertencia importante:* si el saxofón es nuevo probablemente necesites colocar un poco de líquido lubricante sobre el corcho para poder colocar la boquilla. La boquilla debe penetrar hasta aproximadamente la mitad del corcho. Por último, une el cuello al cuerpo del saxofón y ajusta el tornillo.

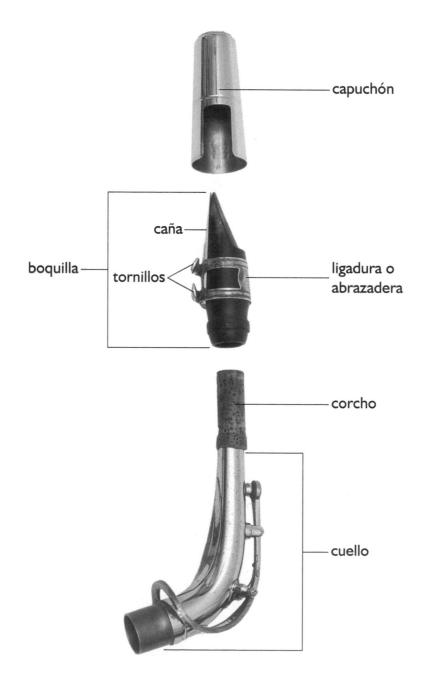

capuchón

caña

boquilla

tornillos

ligadura o abrazadera

corcho

cuello

Afinación

La afinación del saxofón se produce girando la boquilla hacia adentro o hacia afuera del corcho. Generalmente es un movimiento muy leve (no más de tres o cuatro milímetros). Cuando empujas la boquilla hacia adentro el sonido es más agudo y si sacas la boquilla un poco hacia afuera el sonido será más grave. Este proceso es importante cuando tocas con otros instrumentos en orquestas o bandas de música. Cuando escuches el audio (tema 1) trata de afinar moviendo la boquilla levemente.

Cañas y boquillas

Se podría escribir otro libro hablando solamente acerca de las boquillas, las cañas y sus características. Existe una infinidad de marcas y tipos de boquillas y cañas, y cada marca tiene una particularidad que repercute directamente en el sonido o en la facilidad para crearlo. Una buena boquilla para comenzar es la Meyer (Medium Chamber [Número 6 ó 7]) Es importante que comiences usando cañas blandas que te permitan una fácil producción del sonido. Si compras cañas marca Rico, Rico Royal, o Vandoren procura que sean del número 2 (en el caso de Vandoren) o número 2¹/₂ (en el caso de Rico o Rico Royal). Si compras cañas de la marca La voz, la medida será *Medium* o *Medium Soft*. Todas las marcas son diferentes y tienen diferentes cualidades en cuanto al sonido y a la respuesta que te dará el instrumento con esta caña. Yo particularmente uso cañas Vandoren. Es importante que te sientas cómodo con el equipo de caña y boquilla. Por eso te recomiendo que pruebes varias cañas hasta encontrar una que te satisfaga. Más adelante, luego del primer año de práctica y una vez que tu embocadura esté mas formada, puedes experimentar con otras boquillas y cañas más duras, pero por ahora, no pierdas demasiado tiempo en este tema.

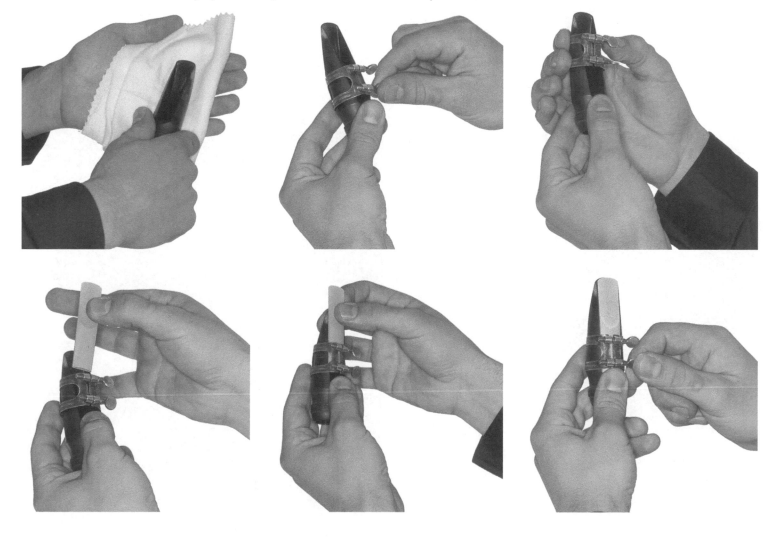

Producción del sonido

La respiración

Antes de comenzar a tocar debes asegurarte de estar respirando apropiadamente. La respiración debe ser abdominal (incluyendo la parte inferior de los pulmones) y relajada. Para hacerlo debes respirar usando la totalidad de los pulmones. El siguiente ejercicio te ayudará a respirar correctamente: Para este ejercicio dividiremos el torso en tres partes: parte inferior, ubicada a la altura del abdomen; parte media, ubicada a la altura de la boca del estómago y la parte superior ubicada a la altura del pecho.

Ejercicio de respiración

Acuéstate boca arriba. Coloca una mano en la parte inferior del tronco, exactamente sobre el ombligo.

Respira profundamente tratando de llenar los pulmones por este orden: 1) parte inferior, 2) media y 3) superior.

Mantén la respiración por unos diez segundos.

Exhala lentamente por la boca pronunciando la letra s. Expulsa el aire de los pulmones en el orden inverso al que respiraste : 3) parte superior, 2) media e 1) inferior.

Fíjate que la mano que está sobre el abdomen sea la primera en elevarse cuando aspiras y la última en bajar cuando respiras.

Repite este ejercicio varias veces. Luego realiza el mismo ejercicio en posición vertical frente a un espejo que te permita ver claramente la posición de los hombros. Advertencia importante: durante los ejercicios, los hombros no deben moverse en absoluto.

Posición de las manos

Es importante que toques el saxofón sin presionar las llaves equivocadas. Si lo haces, puedes alterar la nota que quieres producir o anular directamente el sonido.

La embocadura

En el saxofón, como dije, el sonido se produce en la boquilla. Se llama embocadura al conjunto de músculos que rodean a la boquilla y que participan en la producción y control del sonido (labios, comisuras, mejillas, *etc.*). La calidad del sonido depende, en gran parte, de la embocadura.

Pasos para la producción de la embocadura:

Coloca el labio superior a aproximadamente a dos centímetros de la punta de la boquilla y apoya los dientes superiores sin ejercer demasiado peso sobre la boquilla.

El labio inferior debe apoyarse a aproximadamente un centímetro y medio de la punta de la caña. La posición de este labio es muy importante, no debe ser ni muy afuera ni tampoco muy adentro. Es importante también que no te muerdas el labio inferior. Procura relajar la mandíbula lo más posible.

Sopla una columna de aire pareja (presta atención a la posición de los hombros), continúa sin modificar la posición de la boca hasta que termines de exhalar todo el aire. Cuando espires, en lo posible, no infles las mejillas.

Cómo tocar

El ataque

El ataque es una manera de producir el sonido. El ataque ayuda al músico principiante a controlar la creación del sonido. Para hacer el ataque o atacar las notas sigue los siguientes pasos:

Pronuncia la sílaba *te*. Cuando lo hagas observarás que el sonido se crea cuando la lengua se separa del paladar hacia la parte inferior de la boca permitiendo de esta forma el paso instantáneo del aire.

Las notas largas

Las notas largas son básicamente eso, notas sostenidas por un largo rato. Estas notas sirven para mejorar tu sonido, para practicar la respiración y para tonificar los músculos de la embocadura. Comenzaremos

Trata de repetir la operación con la boquilla del saxofón en la boca. Esta vez no pronuncies *te*, solo inicia la columna de aire con la letra *t*. Observarás que cuando lo hagas la lengua se apoyará en la punta de la caña en lugar del paladar.

Esto te dará un claro comienzo de la nota y te facilitará la producción del sonido.

practicando la nota atacada de SOL en la segunda línea del pentagrama, trata de mantenerla lo más que puedas.

La nota SOL

pista 1 & 2

La nota LA

pista 3 & 4

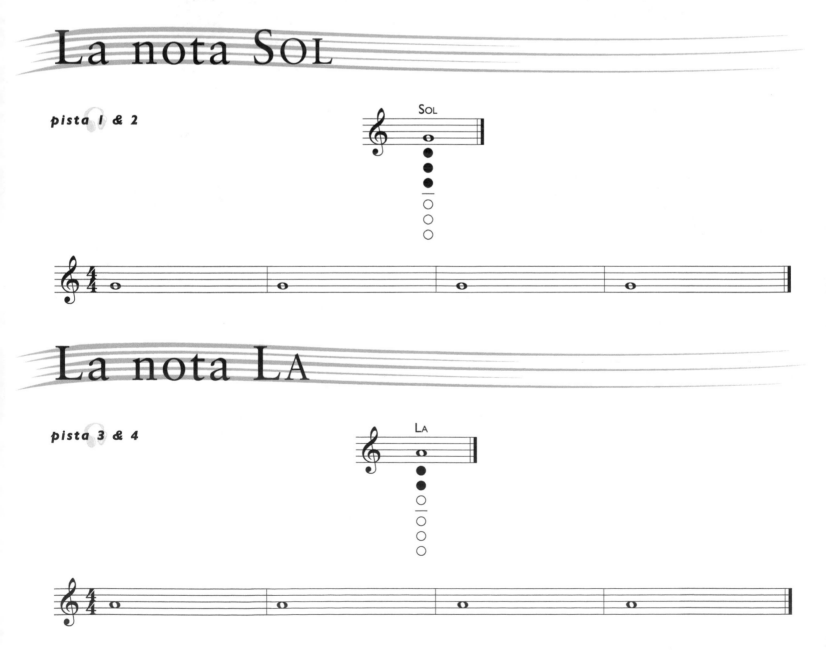

La nota Si

pista 5 & 6

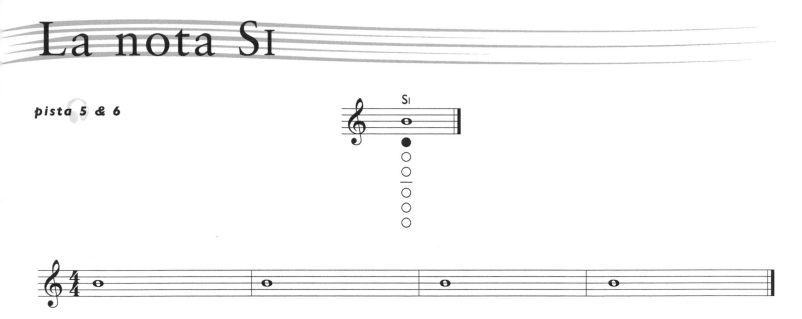

Práctica de las notas SOL, LA y SI

pista 7

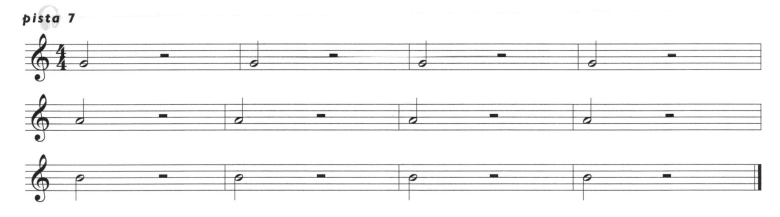

Cómo crear música con tres notas

pista 8, 9 &

Cómo practicar

La rutina de estudio es básicamente lo que definirá tu rápido avance musical, por eso es importante practicar, de ser posible, cinco o seis días por semana un mínimo de media hora diaria. Una buena manera de asegurarse el estudio diario es programarlo a una hora determinada todos los días, antes o después de una ocupación (escuela, universidad, trabajo, *etc.*) que realices todos los días.

A continuación te propongo una rutina de precalentamiento y notas largas. Por ahora practica sólo las notas que sabes Sol, La y Si. En el futuro suma a esta práctica todas las notas nuevas que vayas aprendiendo. Advertencia importante: trata de usar estos ejercicios para concentrarte en lo que estás haciendo. Lo ideal es practicar frente a un espejo para poder observar con detenimiento la posición del cuerpo. Escucha tu sonido.

Practica la respiración durante unos cinco minutos antes de llevarte el saxofón a la boca. Usa este ejercicio para relajar todo tu cuerpo; hombros, cuello, brazos, *etc.*

Sin apresurarte, coloca la boquilla en la boca y asegúrate de que las manos estén en la posición correcta sobre las llaves del instrumento.

Respira relajadamente y comienza la columna de aire pensando en la letra *t.* Intenta sostener la nota larga lo más que puedas. Repite esta operación varias veces.

Presta mucha atención a la relajación del cuerpo. Si notas que los labios se cansan, toma descansos de cinco minutos cuando lo necesites. Practica notas largas atacadas por media hora o cuarenta minutos durante la primera semana. Más adelante usa estos ejercicios por tan sólo quince o diez minutos como rutina de precalentamiento antes de continuar con los otros ejercicios del libro.

Tocar y cantar

Antes de continuar con las siguientes lecciones quiero informarte acerca de la importancia del canto en tu aprendizaje musical. El saxofón como cualquier otro instrumento musical es, o debe llegar a ser en cierto punto, una extremidad de nuestro cuerpo o nuestra voz. Para lograr este nivel de control técnico debes cantar. El canto es una de las mejores prácticas para mejorar las nociones de ritmo y afinación. Existen varias maneras de practicar entrenamiento auditivo pero, en principio te propongo que uses el canto como práctica básica. Los pasos a seguir son los siguientes:

Cada vez que comiences a practicar un ejercicio o canción trata de tocarlo primero con el saxofón escuchando atentamente el ritmo y las alturas musicales.

Lee por segunda vez la pieza musical pero esta vez cantando y, simultáneamente, presiona las llaves de las notas que tocas en el saxofón (como si estuvieras cantando y tocando al mismo tiempo).

Repite la acción de tocar y cantar varias veces hasta que te sientas cómodo/a tanto tocando como cantando la pieza musical.

Seis canciones: seis notas

Canción número 1

La *barra de repetición* (símbolo) significa que debes regresar al principio y repetir la sección otra vez. No es necesario utilizar la 1er barra de repetición, si la música se repite desde el principio.

pista 11 & 12

La nota Do

pista 13

Do

Paso entre las notas Do y Si

El paso entre las notas Do y Si probablemente presentará algunas dificultades técnicas. Para solucionar este problema, practica el pasaje entre estas dos notas lentamente por unos minutos sin producir sonido. Cuando lo hagas (preferiblemente frente al espejo) presta atención a que una llave suba en el exacto momento en que la otra baja. En ningún momento deben estar las dos llaves en el aire o presionadas. Luego practica los siguientes ejercicios (la coma encima de la barra de compás significa que debes respirar):

Ejercicios

pista 14 & 15

Canción número 2

La *ligadura* (⌒) conecta dos notas iguales sumando sus figuras. Al final de esta canción, la nota Do durará tres pulsos porque la blanca del último compás esta *ligada* a la figura de negra del ultimo compás resultando en la extensión de esta nota.

pista 16 & 17

Canción número 3

Recuerda que el puntillo añade la mitad de su valor a la nota. Esto significa que la blanca del último compás debe durar tres tiempos porque tiene puntillo.

pista 18 & 19

Canción número 4

En el ritmo de ²⁄₄ entran sólo dos tiempos de negra por compás.

pista 20 & 21

La nota Fa

pista 22

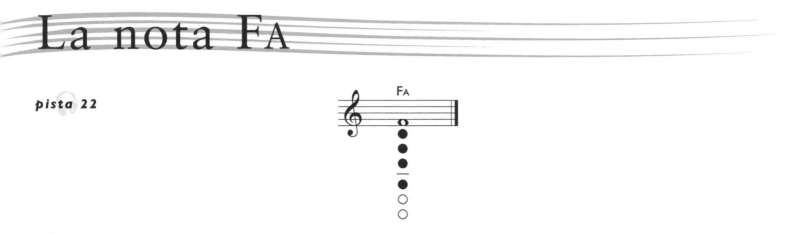

Canción número 5

pista 23 & 24

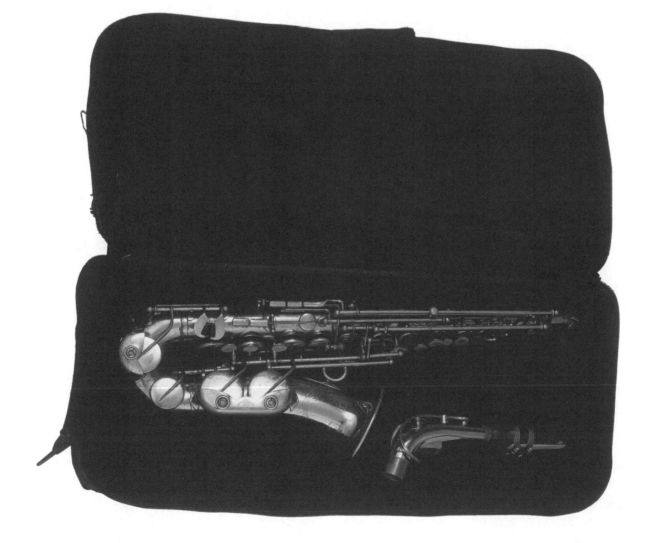

La escala mayor

Ahora sabemos que el sonido es una vibración en el aire. Si tomamos como ejemplo la escala de Do, la vibración de la nota Do difiere de la vibración de la nota Re y, asimismo, la nota Re (o su onda de vibración) difiere de la nota Mi y lo mismo ocurre entre el resto de las notas de la escala. Sabiendo esto, podemos decir que la escala de Do es un conjunto de siete vibraciones (o notas) diferentes ordenadas de menor (nota Do) a mayor frecuencia (nota Si). Se llaman grados a las vibraciones o notas de la escala, cada grado tiene un número ordinal. El primer grado (en la escala de Do) es Do, el segundo es Re y así sucesivamente.

La mayor distancia existente entre dos grados consecutivos de la escala se llama *tono*. Y la menor distancia entre dos grados consecutivos de la escala se llama *semitono*. Llamamos *intervalo* a la distancia entre dos notas. A continuación verás los intervalos entre los grados de la escala de Do.

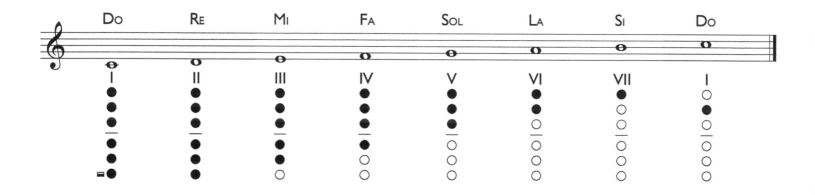

Como habrás observado en la escala de Do mayor hay un intervalo de tono entre las notas Do–Re, Re–Mi, Fa–Sol, Sol–La, La–Si y un intervalo de semitono entre las notas Mi–Fa y Si–Do. Estas características son propias del modo o la escala mayor. Todas las escalas mayores poseen intervalos de semitono entre los grados tercero y cuarto, y séptimo y primero. De hecho estas características generan la sonoridad de la escala mayor.

Las alteraciones: cinco notas y diez nombres

Si entre las notas Do–Re, Re–Mi, Fa–Sol, Sol–La, La–Si existe un tono de distancia y la menor distancia entre dos notas es de un semitono podemos deducir por ejemplo que entre las notas Do y Re existe una nota a semitono de distancia de Do (hacia abajo) y Re (hacia arriba). ¡Estas notas intermedias existen! De hecho son cinco, una entremedias de cada par de notas:

Do–Re
Re–Mi
Fa–Sol
Sol–La
La–Si

Y para tocarlas debemos usar las *alteraciones*. Las alteraciones son símbolos que cuando colocados frente a una nota alteran el estado natural de la misma. Existen dos alteraciones: el sostenido (♯) que altera la nota ascendiéndola un semitono y el bemol (♭) que altera la nota descendiéndola un semitono.

Existe también un tercer símbolo llamado *becuadro* (♮) que regresa la nota al estado natural anulando así el bemol o sostenido usado previamente. En el caso de la nota intermedia entre DO–RE, ascendiendo el DO con un sostenido tenemos DO♯ o descendiendo el RE con un bemol tenemos RE♭. Por lo tanto, DO♯ y RE♭ es la misma nota con diferente nombre. Lo mismo ocurre con RE♯–MI♭, FA♯–SOL♭, SOL♯–LA♭, LA♯–SI♭. Son sólo cinco notas, pero cada una tiene dos nombres.

La nota SI♭ o LA♯

pista 25 & 26

Ejercicio

Canción número 6

pista 27

Registro grave

Para poder producir un buen sonido en el registro grave del instrumento debes tener una buena respiración y asegurarte que el saxofón no tenga ningún problema mecánico. Es una buena idea llevar el instrumento a un fabricante o reparador de saxofones para que lo revise. Incluso los instrumentos nuevos pueden necesitar ajustes o reparaciones. En el registro grave, tu columna de aire debe ser más gruesa que la que produces cuando tocas las notas SOL, LA o SI pero al mismo tiempo el paso de aire es más lento, por eso no necesitas más cantidad de aire. La posición de la boca no debe cambiar en gran medida, tan sólo debes relajar levemente los músculos de la embocadura. Advertencia importante: no metas más la boquilla dentro de la boca, si lo haces, la calidad del sonido será mala y perderás control sobre la caña.

Notas MI, RE y DO grave

pista 28

Ejercicios preliminares

pista 29, 30 &

Registro grave y práctica

pista 32

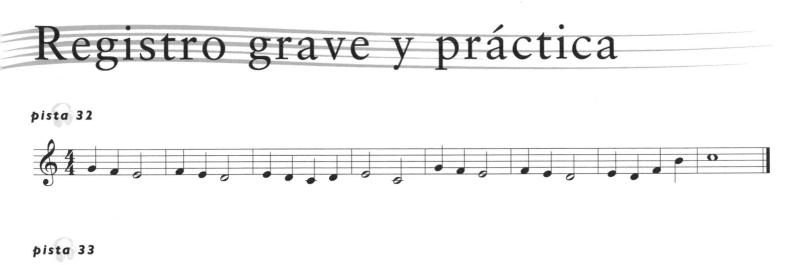

pista 33

Escala de Do mayor

pista 34

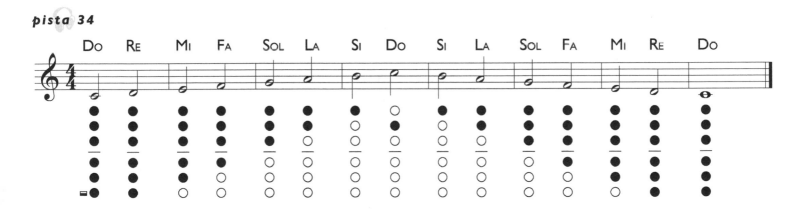

| Do | Re | Mi | Fa | Sol | La | Si | Do | Si | La | Sol | Fa | Mi | Re | Do |

Tres canciones populares en Do mayor

BAMBÚ

pista 35 & 36

Observarás que al final de esta composición (compás 20) puedes leer *D.S. al fine* que es la simplificación de *dal segno al fine*, esto significa que debes ir desde el compás veinte al compás cinco donde encontraras un signo (llamado *segno*) y desde este punto debes tocar hasta el compás trece donde dice *fine* que indica el final de la composición.

EL BARREÑO
(Versión simplificada)

pista 37 & 38

EL BARREÑO
(Versión original)

pista 39 & 40

El portavoz

Esta llave ubicada arriba del pulgar izquierdo tiene la función de *subir* las notas que tocas, una octava más arriba. Todas las notas que conoces hasta ahora, a excepción del Do grave, pueden ser ascendidas una octava presionando el *portavoz* (o llave *octavadora*). A continuación vamos a practicar las notas FA, MI y RE ascendidas una octava. Para lograrlo usa las posiciones de FA, MI y RE que ya conoces pero esta vez presiona el portavoz simultáneamente. Advertencia importante: recuerda no morderte el labio inferior.

Ejercicio 1

pista 41

Ejercicio 2

pista 42

Ejercicio 3

pista 43

CIELITO LINDO

pista 44 & 45

Tradicional

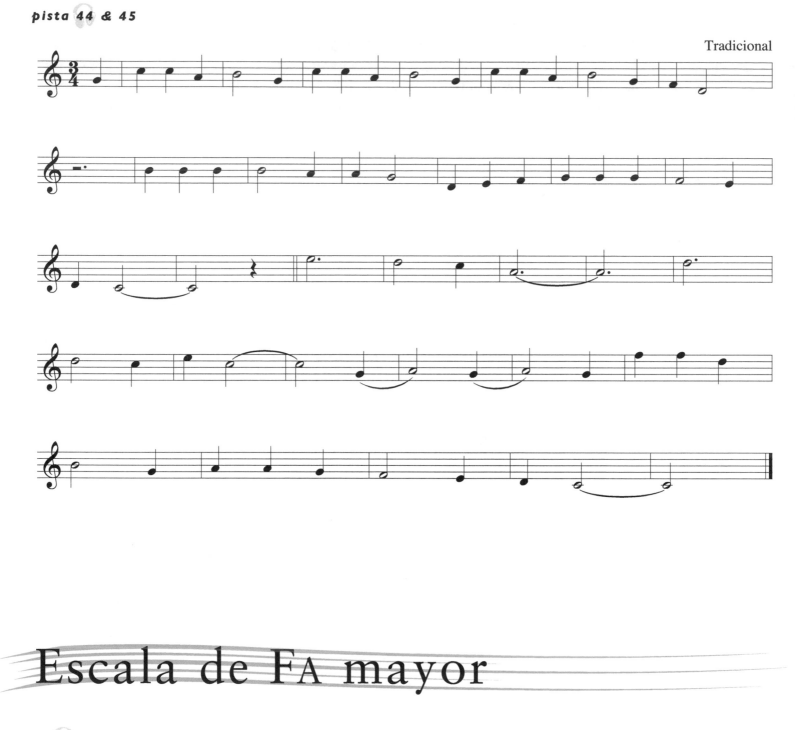

Escala de FA mayor

pista 46

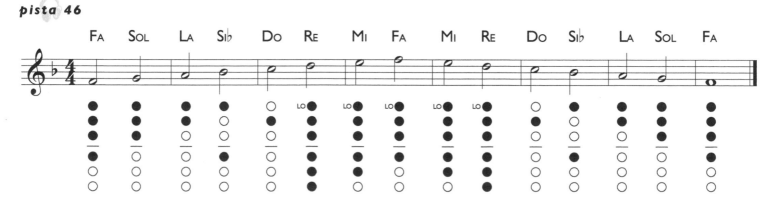

Pequeña serenata nocturna
Primer movimiento

pista 47 & 48

Wolfgang Amadeus Mozart

La nota FA♯

pista 49

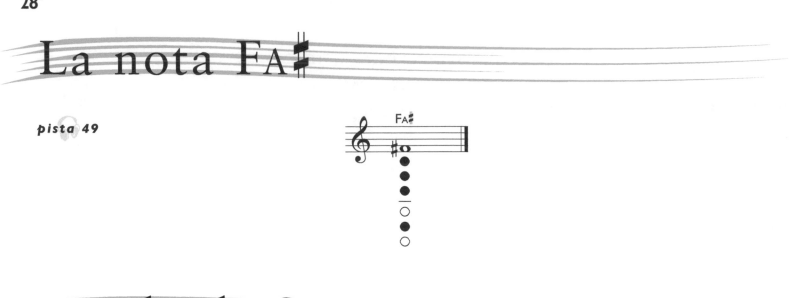

Escala de SOL mayor

Recuerda que para tocar la nota SOL en la octava superior (primer espacio adicional) debes usar la posición que ya conoces para la nota SOL más el portavoz o llave octavadora que presionarás con el pulgar izquierdo.

pista 50

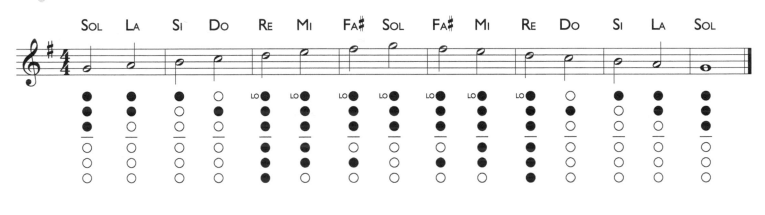

NOVENA SINFONÍA

pista 51 & 52

Lugwig van Beethoven

O MY BELOVED FATHER
de Gianni Schicchi

Giacomo Puccini

pista 53 & 54

Las dinámicas

Las *dinámicas* son parte de la notación musical. Básicamente son signos que comunican al músico lector las diferentes intensidades deseadas por el autor o arreglista de la pieza musical. Las dinámicas son:

p—*piano*, la pieza debe tocarse a un nivel suave.
mp—*mezzopiano*, la pieza debe tocarse a un nivel moderadamente suave.
mf—*mezzoforte*, la pieza debe tocarse a un nivel medio.
f—*forte*, la pieza debe tocarse a un nivel fuerte.
<—*crescendo*, se debe incrementar el volumen gradualmente.
>—*diminuendo*, se debe disminuir el volumen gradualmente.

Notas largas con diferentes intensidades

Para dominar las diferentes dinámicas debemos practicar notas largas variando el volumen. A continuación te daré una serie de ejercicios de práctica.

Escucha primero el audio y luego practica los ejercicios junto a la grabación. Luego, repite los seis ejercicios con todas las notas que ya sabes.

pista 55

pista 56

pista 57

pista 58

pista 59

pista 60

Capricho Italiano

pista 61 & 62

Peter Ilyich Tchaikovsky

Tempo di valse

La nota de Do♯ o Re♭

pista 63

VALS DE LA BELLA DURMIENTE

pista 64 & 65

Tchaikovsky

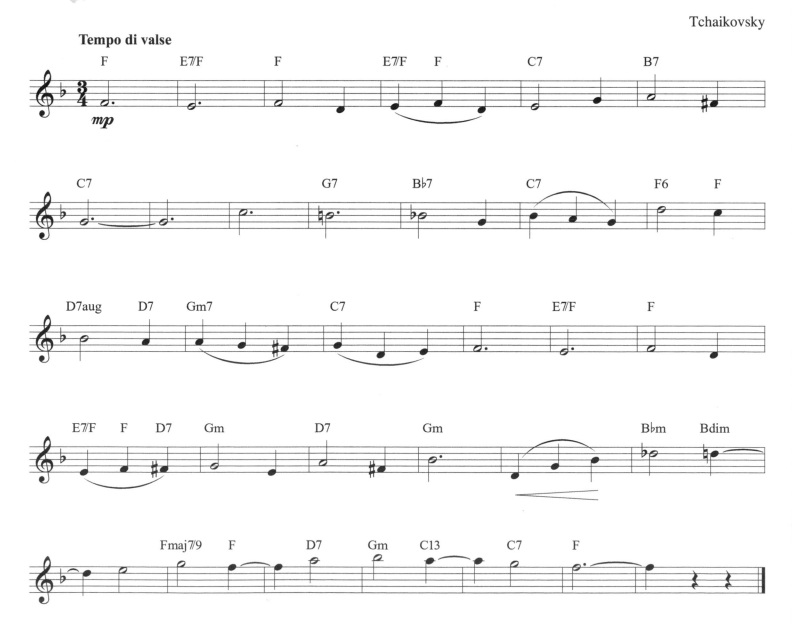

LA PALOMA

pista 66 & 67

Tradicional

Notas La, Si y Re agudo

pista 68

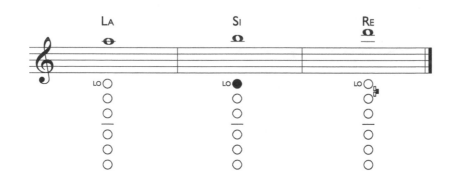

Escala de Re mayor

Recuerda que para tocar las notas La y Si en la octava superior debes usar la posición que ya sabes de La y Si más la llave octavadora.

pista 69

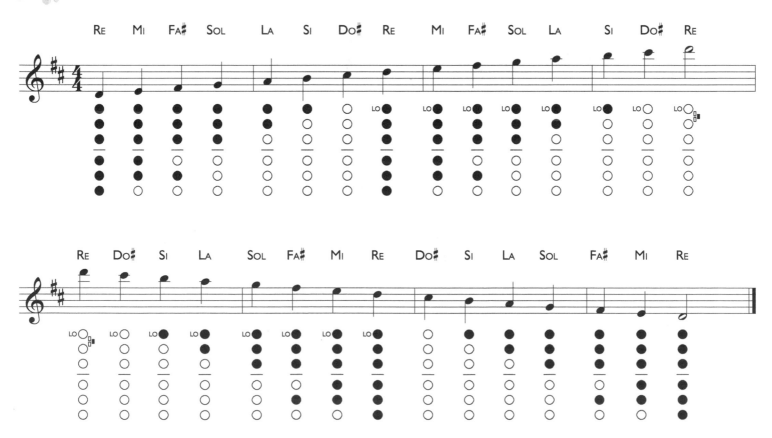

Las mañanitas

pista 70 & 71

Tradicional

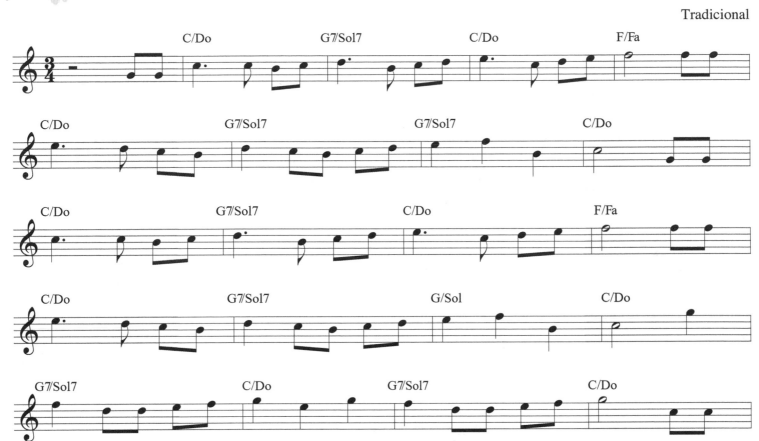

MÚSICA DEL AGUA

pista 72 & 73

Geroge Frideric Handel

Allegretto con spirito

rall.

Notas Mi♭ y Si♭

pista 74

Escala de Si♭ mayor

pista 75

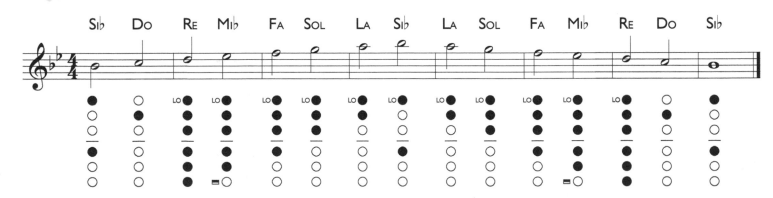

La nota Si♭ grave

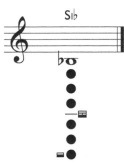

Escala de Si♭ en dos octavas

pista 76

De colores

pista 77 & 78

Tradicional

La bamba

pista **79 & 80**

Tradicional

La nota de Si grave

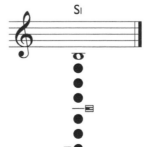

El staccato

El *staccato* es parte de la articulación de las notas y consiste en detener o *apagar* la vibración de la caña con la lengua. El staccato se define en la notación musical con un pequeño punto arriba o debajo de la nota. Practica el staccato con la siguiente canción. Escucha el audio una vez antes de comenzar a tocarlo.

ADIÓS MUCHACHOS

pista 81 & 82

Julio Sanders

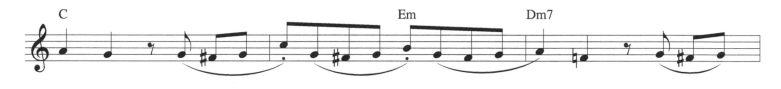

Minuet

pista 83 & 84

Johann Sebastian Bach

Sonata Nº 15
Tema del primer movimiento

pista 85 & 86

Mozart

Capricho

pista 87 & 88

Niccoló Paganini

Vals Tresor

pista 89 & 90

Johann Strauss II

pista 91 & 92

JARABE TAPATÍO

Tradicional

D.S. al Fine

Las escalas

Las escalas son a la música como el alfabeto lo es a la lengua. Si no lo sabemos no podemos comunicarnos. Por eso, te recomiendo que comiences desde ahora a aprender escalas. Existe una infinidad de escalas y esta variedad es lo que hace a la música increíblemente hermosa. Estudiarlas puede parecer aburrido pero si comparamos la música con el idioma, el alfabeto solo, puede parecer aburrido; ahora, cuando se usa formando palabras que comunican ideas o sentimientos éste toma un valor completamente diferente. Lo mismo ocurre con las escalas.

Un objetivo que se puede lograr fácilmente que deberías proponerte es aprender de memoria las doce escalas mayores en el primer año de estudio. Ya sabemos seis escalas mayores (Do, Re, Sol, Fa, Sib y Mib), las restantes son:

Ejercicios

El siguiente ejercicio debes comenzar estudiándolo con el metrónomo a **60** cada nota negra (o más lento si te es necesario). Primero estudia cada sección (separada por la doble barra) por separado, luego haz seguido.

Una vez que logres hacer todo seguido (con buen sonido y sin equivocarte) procede a aumentar la velocidad en el metrónomo.

Cuadro de posiciones

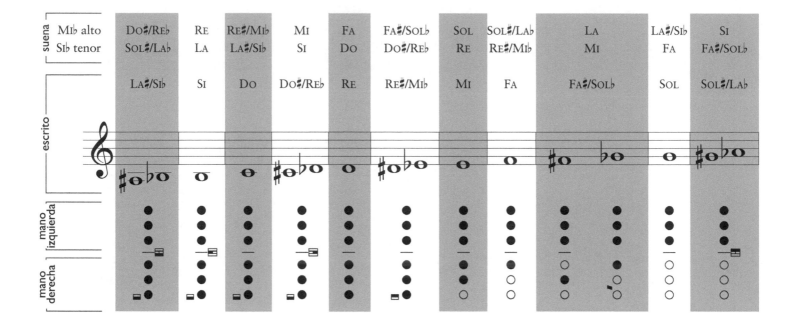

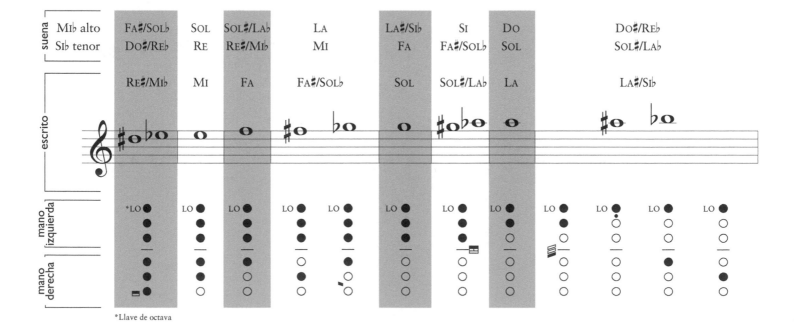

*Llave de octava

47

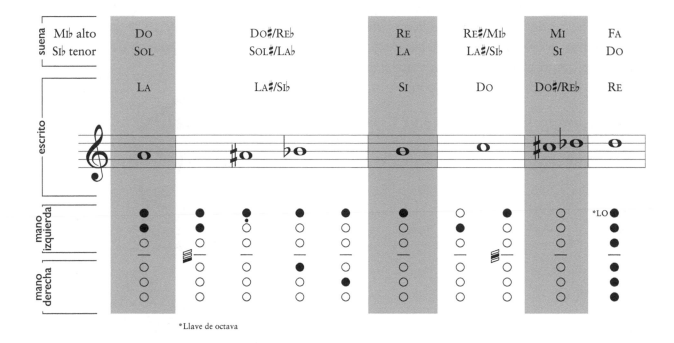

*Llave de octava

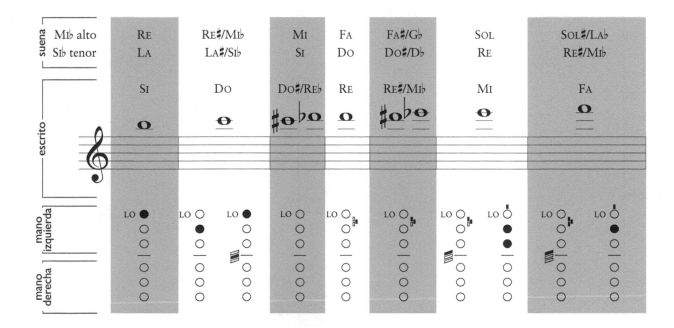

Recomendaciones

Si después de leer este libro deseas continuar avanzando en tu aprendizaje musical, lo más efectivo será comenzar a tomar clases con un profesor particular. Si continúas tus estudios pensando en llegar a ser un músico profesional, es una buena idea también comenzar a tomar clases de piano y armonía. Te será mucho más fácil comprender el lenguaje de la armonía desde un instrumento armónico como el piano que desde uno melódico como el saxofón. Ve a conciertos de saxofonistas profesionales y escucha sus grabaciones. Al mismo tiempo, escucha la mayor variedad y cantidad de música posible, incluyendo todos los géneros que te interesen y si no te interesan no los descartes por completo. Trata de tocar lo más posible con músicos más experimentados que tú y practica tocando junto a tus grabaciones favoritas. Sé fiel a tu gusto musical, y si te gusta el folclore o la música propia de tu país, nunca dejes de escuchar esos tipos de música.

Lista de grandes saxofonistas

Coleman Hawkins
Lester Young
Ben Webster
Charlie Parker
Paquito de Rivera
Lee Konitz
Sonny Stitt
Cannonball Adderley
Phil Woods
Ornette Coleman
Eric Dolphy
Sonny Rollins
Dexter Gordon
John Coltrane
Gato Barbieri
David Sánchez
Stan Getz
Wayne Shorter
Joe Henderson
Joe Lovano
Steve Wilson
David Liebman
George Coleman
George Garzone